JN436992

흙구슬

흙구슬

김병학 시집

신아출판사

머리글

시절은 음산한 바람이 분주한 늦가을, 수목들은 벌써 이파리를 하나씩 버리기 시작 합니다.

봄여름 우거져서 울울창창한 푸른 기상이 천년이나 갈 것 같더니만 겨울이 저 만큼 다가오니 겨울나기 준비를 하고 있는 것이 아니겠습니까.

살점을 한 점씩 떼어 낼 때마다 온몸이 아리어 오지만 겨울을 나기 위해서 고통을 참아 내는 것입니다.

무서리내리고 음산한 바람이 일면 잎을 우수수 다 떨구고 눈발이 날리면 숨고르기를 시작 하겠지요.

수목이 그러할 진데 우리 인간이 이대로 있을 수야 있겠습니까.

굽이굽이 달려온 인생은 어느 사이 바람으로 지나가버리고 노을이 구름에 벌건 물감을 풀고 있습니다.

황혼이 얼굴을 내밀어서 나도 하나하나 정리하고 준비하였습니다

그동안 가슴팍에 맺힌 돌이나 피멍, 눈물, 울분, 통곡, 희열을 버무려서 찬란하지도 않고 화려하지도 않는 순수하고 소박한 흙구슬을 빚었습니다.

그 구슬들을 줄줄이 꿰어서 슬그머니 내밀어 목에 걸어드립니다.

그래서 8번째 책은 흙구슬이라 이름을 지었습니다.

이글을 만나는 이에게
미안하고 고맙고 감사합니다.

늦가을 샘골 하늘 아래서
봉암 김병학 올림

|차|례|

제2부

은행잎 뚝뚝 지던 날

제3부

바람소리

제4부

맘을 별 밭에 붙고

제5부

인생길 굽이굽이

제6부

노을이 벌건 물감을 풀 때

제7부

가슴이 가난한 사람들

제8부

우리집 뜨락 10

제1부

물안개 피는 아침

자연의 축복

메마른 영혼들이
봄의 심장에 뛰어들어 눈을 뜨니
산과 들이
연초록 치마 자락으로 눕는다

지저귀는 산새소리
내 건너오는 축제행사장 우도농악소리처럼
숲을 달려 나오니
덩실덩실 어깨춤이 절로 나네

화창한 볕살도
흥이 나
시냇물위에서 반짝반짝 춤을 춘다

얼쑤!
4월은 축복의 계절
평화로울세.

벚나무의 꽃

겨울의 경계가 무너지고
얼음에 갇혔던 시냇물소리 터진지 언제인데
때 잃어버린 눈송이가
바람을 붙잡고
함박눈처럼 훨훨 휘날린다

여름이 오려면
소쩍새가 울다 몇 번을 피를 토하고
천둥소리 목이쉬어야 오는데
때 이른 여름배추흰나비가
떼 지어 춤을 추듯 한꺼번에 쏟아져 날아
사푼히 내려앉는다

활짝 흐드러져서는
허공에 뭉게구름으로 걸려있고
질 때는
눈처럼 바람에 휘날리거나
배추흰나비 떼 춤을 추듯
우수수 진다.

신록 3

천지에 포기 포기로 피어난다

산은 연초록 이파리로 일어서고
들은 연초록 바다로 눕는다

겨우내 꽁꽁 굳었던 몸뚱이에
새 피가 돌아
연초록 빛깔로 새 살이 쑥쑥 자란다
나뭇가지는 바삐 가는 바람 붙잡고
춤을 추고
햇살은 신록위에 앉아
싱그러움을 게우네

연초록 물결
들을 지나 산으로 올라가더니
산마루에서 하늘로
잔잔히 밀려간다.

돌라온 뻐꾸기

1

시절은 5월 중순 이른 아침

지난밤에 어둠길 더듬어 돌아 왔노라
뻐꾹뻐꾹 —

오늘부터는
내가 아침을 깨우겠노라
뻐꾹뻐꾹 —

기상나팔소리처럼 메아리치는 뻐꾸기 소리에
아침이 눈을 뜨면
아침이슬
풀잎에 방울방울 매달려 초롱초롱
참새들
은행나무 숲에 모여 새마을운동*
산은 밤 내내 품고 있던 붉은 해를

---

* 새마을운동 : 근면, 자조, 협동의 새마을 정신을 바탕으로 생활 환경 개선과 소득 증대를 목적으로 한 범국민적인 지역 사회 개발 운동. 1970년에 박정희 대통령의 제창으로 시작되었으며 새벽종이 울리면 일어나 담장을 허물고 골목길을 넓이고 하였다.

등 너머로 뱉어낸다

뻐꾹새소리
하루를 여는
정 냄새 흥건한 향수 곡.

찾아간 고향

불현듯이
어릴 적 향수가 가슴에 사무쳐
무작정 추억 더듬으며 고향을 찾아갔더니

소나무냄새 솔바람 앞세우고
산을 가만가만 내려오고
창공에 뭉게구름도 옛 과 같이
노령갈재* 넘나들며
앞 산 뻐꾸기소리 여전히
들을 건너 정겹게 달려오는데

초야에 묻혀 농부로 살겠다는 친구는
어디 가고
논두렁 물꼬에서 떨어지는
작은 낙숫물소리로 살겠다는 친구도
보이지 않네

---

* 노령갈재 : 혹은 장성갈재라 부르며 전북과 전남의 도 경계를 이루는 고개.

산천은 그대로인데 친구는 다 어데메로 가는고

허허한 하늘아래
백발이 성성한 이 늙은이 홀로
동네 어귀에
점하나로 서 있구나!

바람으로 가버린 생

무더운 초여름이 그림자처럼 따라붙어
따돌리기 위해서
뱀사골 천 길 깊은 계곡 찾아 갔더니
그곳은 지금도 풋풋한 봄
선선한 공기가 맨발로 달음질쳐 온다

세월의 무게가 켜켜이 쌓인
이끼 낀 너럭바위에 앉아 사방을 돌아보니
창공도 청산도 내달리는 물줄기도
모두다
옛 그대로 이네

자연은 변함이 없는데
이내몸은 어찌하여
벌써
퍼석퍼석한 마른떡갈잎 얼굴에
웬 만년설 인고

휙—

바람으로 지나가버린 한평생이
꿈인가 생시인가.

여름

철쭉꽃 강그라지게 웃다가
뚝뚝 지던 날
봄은 썰물처럼 빠져나갔다

소쩍새 울다 울다 피를 토하고
먹구름 무거운 눈물 털고 가더니만
점령군처럼 밀려왔다

분주하게 서둘러
풍성한 발자취 켜켜이 쌓아 올리는가
꽃은 씨눈을 달아
튼실한 알갱이로 키우고
새들은 새 둥지를 틀고 알을 낳아
천적을 피로 지키며 종족보존
숲은 부지런히 나이테를 만들어
산의 속살을 덮는다.

백발노옹이 되면
기력이 쇠해 무서리를 막지 못하고
굴뚝 연기처럼 소리 없이 가겠지.

나팔꽃

더듬이가 왼쪽만 있는지
왼쪽으로 왼쪽으로 돌면서 기어올라
너럭방석돌에 배를 깔고
꽃을 피운다

아침 일찍 기상나팔을 불어
천지 만물을 깨워놓고
하루 해 눈감기도 전에 지는
보라색 나팔꽃이여
한이 많아
피멍 보라빛깔을 토해 내는가!

억새꽃으로 태어났으면
풋풋해서 한 세월 말라서 한 세월
보낼 수 있었을 텐데

그렇게
허망하게 갈려거든
이승은 무엇 하려 왔는고.

여름 한복판

고추잠자리 훨훨 날갯짓에
구름은 강 건너 산을 넘어 꼬리조차 감추고
하늘은
구름 한 점 없는 파란 호수

용암덩이 태양이 우수수 쏟아져 내려
콘크리트 도시는 이글이글 용광로 요
천지는 푹푹 찌는 찜질방이라

나무숲에서 뻐꾹뻐꾹 뻐꾹새
무더운 여름 토해 내니
바람 없는 가뭄은 보릿고개처럼 길기만 하고
목마른 땅은
입을 떡 벌리고 갈증을 호소하는데
떠날 줄 모르는 불청객 열대야는
불난데 부채질

싸리 꽃 녹두꽃 피다 지고
하늘을 바라보며 한숨짓는 농부의 가슴은
새까만 숯덩이.

발자국

여름 끝자락

매미소리 하늘로 하늘로 올아 가더니
무서리도 오지 안 했는데
벌써 기세가 한풀 꺾이어
감기 걸린 누렁이 신음소리 같다

그에게도
운명의 바람이 불어 닥친 것일까
자리 털고
오뚝이처럼 다시 일어나기에는
너무 바람이 세다

여름 내내
그늘에서 노래만 불러 대더니
그래도 나무 껍데기에
허물하나 붙어 놓았네.

제2부

은행잎 뚝뚝 지던 날

황금물결

쉼 없이 흘러가는 냇물아
어찌
흐르는 것이 너 뿐이랴

들녘을 보라
갈바람 일 때마다
흘러가는 황금물결
산을 굽이돌고 강을 건너서
한없이 흐른다

물이랑처럼 넘실거리며
흐르고 흐르고 또 흘러가면
하늘과 땅이 맞닿는
지평선

황금물결은
땅 끝이어 하늘로 흐르는
시냇물이여라.

호박잎된장국

―엄니 손맛

어스름 걷어내며 새벽운동 다녀오는데
새싹처럼 연한 호박잎줄기가
넝쿨을 비집고 얼굴을 내미니
엄니 손맛식감食感이
바람처럼 스친다

내 어릴 적 한가을
이슬방울이 풀잎을 질펵하게 적시고
음산한 바람이 나뭇잎 흔드는 요맘때면
소나무 껍질처럼 거친 손으로
연한 호박잎줄기 뚝뚝 뜯어 다듬고
된장을 주물주물 주물러 풀어 넣어서
팔팔팔 끓인 된장국
생각할수록
환상의 맛으로 달려온다

수많은 세월이
수없이 흘러가버린 지금도
그 구수한 된장국 엄니 손맛이

가슴에

엄니 혼처럼 살아있다.

은행나무

봄여름
푸른 기상으로
망망한 하늘
파랗게 파랗게 품더니

소쩍새 울다 떠나간 뒤에
그리움 시름시름 앓다가 황달이 들어
옷자락
한 자락 한 자락 벗어 던지더니
된서리에 홀랑 벗어 버렸네

이제
알몸으로 서서
스산한 바람 지나니
으쓱
몸을 움츠린다

어허－
매서운 한겨울 어떻게 지낼꼬!

쇠오리의 천국

정읍천은 쇠오리 천국
물 졸졸 흐르다 많이 고인 곳마다
떼 지어 물놀이

가끔 잠수하기도 하고
풀밭을 쪼아대기도 하고
싫증이 나면 푸드득 날아 이웃집 놀러가기도 한다
어둠이 안개처럼 내리는 저녁무렵이면
먹이 찾아 가창오리 떼처럼 날아
논밭을 찾는다
작년에는 아버지 아들 둘이더니
올해에는 할아버지 아들 손자 삼 세대네
목련꽃 뚝뚝 지는 4월이 오면
유라시아북부로 떠나고
고추가 빨갛게 익어가는 9월이 오면
돌아오는 나그네새

눈 수북이 쌓이면
유리속보다 더 맑은 고요가 흐르는 내

그 냇물에서 쇠오리는
오늘도 침부沈浮하며 자기영역을
즐긴다.

근하신년

봄, 여름, 가을, 겨울
지난 한해가
휙- 스쳐가는 한줄기
바람이었던가

저 멀리
아스라하니 가물가물 아득했던
무술년戊戌年 새해아침이
어느 사이 오늘

새해아침은
새로 시작하는 새 희망 출발점
우수수 쏟아지는 별빛하늘처럼 찬란한 꿈이
조금씩 영글어가는 기점

새해에는
뚜벅뚜벅 굼뜨게 걸어가는
세월로 살자
새 시작
순수한 새맘으로 힘차게 내딛자.

내장산의 설국

북서남동 아홉 봉
어깨를 서로 기대고 만년설처럼 서서
퍽이나 의연도 하다

낙엽 떠나보낸 산자락에는
수목마다 포기포기
순백 꽃 매달고
눈 수북이 쌓인 일주문 골짜기는
정적을 뿌려 놓은 것처럼 쥐 죽은 듯이
고요 하구나

스산한 눈 위 바람결에 들리는
대웅전 풍경소리
욕심을 다 비웠는지 청아하게
도량을 빠져나오네

하얀 솜이불 둘러쓴 설국내장산은
은빛 침묵에 묻혀 잠잠히
깊어만 가고.

동백꽃 이야기

옛날 옛적에 남편이 탤 감하려 간 사이 부인이 해치려는 산적을 피해 도망치다 절벽에서 떨어져 죽어 남편이 고이 묻어 주었는데 그 무덤에서 나무가 자라 겨울마다 남편을 향한 붉은 꽃이 피웠다한다 그 후 남편도 죽은 후 동박새가 되어 동백 숲에서 꽃이 피기만 기다린다고

얼음이
강물을 꽁꽁 가두는 겨우내
휘몰아치는 추위
찬바람의 시퍼런 칼날에 맞서며
우듬지마다
하늘의 점지로 영혼을 심고
영감을 쥐어짜서 생명을 불어넣어
강냉이 알맹이 같은 꽃망울을
방울방울 매달았다

동백은
이 겨울나기 전에
꽃망울 툭 벙그러서

남편을 향해
심장보다 붉고 핏빛 보다 짙은 꽃
기필코 피어내리다.

다리 밑 풍경

—여름 경로당

뙤약볕에
대지가 달구어져 열기를 뿜어내는 한여름
사람들은 더위를 피해
다리 밑으로 모여 든다

선선한 바람이 지나는 길목
평상을 펴놓고
장이야, 욫이야
구경꾼 끼어들어 훈수하다, 머퉁이
더위를 잊고
온갖 시름을 잊고
토해낸 망각의 웃음소리들이
다리 밑 허공을 배회한다

눈 수북이 쌓이고
천지가 음산한 침묵에 갇히는 겨울
쓰다 놓고 간 평상, 의자들이 주인을 잃고
날카로운 가시바람에
납작 엎드려 움츠리고 함구하고 있다

그런데
교각에 "65세 이하 금지"라고 쓰여 있는
서툰 매직 글씨 낙서는
초롱초롱 눈을 뜨고
여기가 "여름 경로당"이였다고
입을 연다.

제3부

바람소리

어느 노동자

여명이 어스름을 밀어내는 꼭두새벽
인력시장에는 인기척이 요란하다
골목을 더듬더듬 더듬으며 오는 발자국소리
길 따라 굴러오는 자전거종소리

사람들은 웅성거리고 사방은 어수선
반장의 앙칼진 목소리
“호명하는 사람은 승차 하세요”
시동을 걸 때마다 털털거리는 봉고차가
인부들을 짐짝처럼 싣고
어둑어둑한 마당을 빠져나간다

겨울 한파처럼 매서운
이른 봄 새벽공기 가르며
도착 한곳은 어느 야산 언덕배기
바람이 달리기 경주하는 널따란 비탈 밭
여기가 오늘의 일터

밭에 부려진 어느 노동자는

집사람이 싸준 도시락을 만져본다
아직도
집사람의 정성이 식지 않고 따뜻하다
눈 비비며 일어나서
누렁이 송아지가 “음매”하며 어미소 찾듯
“아빠는 어디 갔어”하는 딸내미 목소리가
번개처럼 머리를 스친다.

동네병원장

그의 손길은
언덕에 피는 봄볕 같다

단골병원
주치나 다름없는 원장
믿음이 넘치고
인정이 따뜻한 품처럼 아늑한 사람
밤새 고민했던 아픔도
밤새 불안했던 마음도
그의 앞에 서면
금시 잠들어
잠잠한 호수마냥 편안하다

나는
그의 경의한 손길에
노쇠하여 수수깡처럼 퍼석한 육신을
스스럼없이 맘 놓고 기댄다.

부처님 손바닥

냄비에서는 물이 끓고
접시에서는 주꾸미가 탈출을 시도 한다
뛰어 보았자 부처님 손바닥
간신히 빠져나가면 제자리에 옮겨놓는다
무한한 자유를 찾아 출렁이는 바다를 향해
허둥대는 필사의 탈출
살아있는 생명의 본능

인간도
꿈을 뒤쫓아 욕망을 위해서
뛰고 좌절하고 다시일어서고 하는 것이
조물주의 손바닥 안
우리가 주꾸미의 앞날을 알고 있듯 시
조물주가 알고 있는 길을
우리는 가고 있다
그 길이 푸른 초원을 찾아가는 길인지
지옥으로 떨어지는 벼랑의 길인지는
알 수 없으나
생명의 본능으로 현재를 탈출해서

더 나은 미래로 가려고 발버둥을 친다

오늘도
주꾸미를 닮은 몸짓으로
생존의 길을 찾아 더듬거린다.

존 재

인간은
우주 속에 하나의 점
가물가물해서
어쩌면 있는 것 같기도 하고
없는 것 같기 도하다

인생은
억겁의 세월 속에 한줄기 바람
순간이어서
어쩌면 지나가는 것 같기도 하고
아닌 것 같기도 하다

그러나
분명 나는 존재 한다
영혼이 있고 생명이 있고 생각이 있다

그러므로
천지에서는 말하고 있다
별들은

천리 가는 몸빛으로 살라하고
태산은
천년을 사는 산맥처럼 살라한다.

은갈치

정읍 샘 골 시장 어물전
한일자로 겹겹이 즐비하게 누워있는
서귀포 앞바다에서 잡아온 포로들

염기 질퍽한 상자에 간간한 갯내 풍기며
대쪽같이 곧은 의지 굽히지 않고
꼿꼿하게 누어있다

한 때
푸른바다를 휘휘 가르며 망망대해를 활보하던
바다의 무법자가 아니었던가
그를 보고 있노라면
파랗게 출렁이는 바다가 보인다

소금에 절이어져 번쩍이는 은빛은 잃어버렸으나
비릿한 몸내로
어물전을 기어이 점령한 그는
그래도
두고 온 처자식들이 걱정 되었는지
목숨 끊어진 눈을 감지 못하네.

인연

—갑계 임오회

하늘이 파랗게 열리고
별들이 무수히 쏟아지던 가을밤
우리는 처음
둥근달처럼 구김살이 없고 밝은 얼굴로 만났지
지금은
가버린 세월만큼이나
탈력을 잃어버린 얼굴에
억새꽃 머리 이고 하늘거리며
모임방을 찾는다.

그동안 달려온 긴 세월에
고운 정 미운 정이 나이의 무게에 거듭나
뜨뜻한 묵은 정으로
온방에 질펀하다

한 친구는 3년 전에 또 한 친구는 작년 5월에
옛사람 되었네 그려
이제 한 사람씩 한 사람씩 떠나는구먼
올 때는 한해 다 같이 왔는데

갈 때는 제각각이네

친구야
먼저 간 사람이 식당 예약해 놓기다

대숲 바람소리

봄비 지나가면
연초록 죽순이 여기저기 다투어 솟아
속된 맘 다 비우고
마디마디 빈 가슴으로
곧게 곧게 하늘로만 일어섰고

음산한 바람 불어오면
수목마다 이파리를 매정하게 버릴 때
생죽生竹은
고집스럽게 꼭 붙잡은 손 놓지 않고
울울청청한 숲 이루었다

술렁술렁 쏴— 쏴—
출렁이며 서걱거리는 소리 좋아
온종일 숲 위에서
바람들이 놀다 돌아가면
한밤중에
별들이 우르르 내려와 놀다 간다

푸른 숲은 싱그럽게
천년을 흐르고
대 바람소리는 청량하게
천릿길 간다.

허공

허공은
품이 무한하다
우러러 볼 때마다, 손을 내밀 때마다
그 품을 연다

슬픔을 주체할 수 없을 때
괴로움을 이겨 내기 힘들 때
시름으로 탄식이 절로 날 때
하늘을 우러러보아
허허한 품에 그 가슴들을 꾹꾹 묻었다
그곳에는
나의 통곡이 있고
눈물이 있고
한숨이 있다

나는 이승을 떠날 때도
광활한 그곳에 내 영혼을 묻고
갈 것이다.

정읍 천 시냇물

내장산 바위틈 생수로 태어나서
굽이치는 골짜기를 더듬더듬 내려와
시냇물이 되었다

옛날 옛적 호랑이가 담배 먹던 시절
송산동 빨래터를 지나면서
아낙들이 빨랫방망이에 장단 맞추어
수다 떠는 것을 구경하다가
그것을 흉내 내면서
옹알이를 하기 시작 했지
재잘재잘 지잘지잘

시냇물은
옛 일들을 보고 듣는 그대로
기억을 하고 있다
구 시장의 오일장 풍경
대흥리 다리 밑을 지붕삼아 살아갔던
넝마주이 사건
홍수로 범람한 흙탕물이 방천을 무너뜨려

시가지가 침수되고
돼지 닭들이 떠내려갔던 일들을

너럭바위 징검돌 콕콕 찍으며 건너갈 때
너덜겅 여울목 옆 가만가만 지날 때
재잘재잘 지잘지잘
옛 이야기들이 술술 기어 나온다

정읍의 역사를 알려거든
정읍 천 시냇가를 걸어라!

제4부

맘을 별 밭에 묻고

공수래공수거

처음에 세상문 두드렸을 때는
가슴속이
허허로운 텅 빈 공간 이였다

굽이굽이 살아오면서
선과 악 사랑과 질투 기쁨과 슬픔을
알게 되었고
한 평생을 달려오면서
가슴앓이로 응어리로 추억으로 향수로
가득 차 있다

올 때 빈손으로 왔으니
갈 때도
세상에서 얻은 것들을 다 놓고
가야 하느니

하루해가 지쳐 해름 노을이 일면
서둘러 하나씩 헐어서
정리하고 내려놓고 버리고 하여 비움을
게을리 하지 말아야 할지라.

미투운동

하객들이 구름처럼 밀려드는
예식장 홀 앞 일렬횡대 화환
꺾인 꽃들이 환하게 웃고 있다

꺾기고 또 꺾기면서
잘려나간 뿌리 팔 다리는
어디로 갔을까
그래도 웃고 있는 꽃들
짓밟히고 문드러져도
웃어야 살아남을 수 있는 것이
그들의 운명이었던가!

식장 앞이 갑자기
어수선하고 소란스럽다
꽃 한 송이가 명예와 자존심을 걸고
크게 외치며 양심선언
같이 있는 그들
여기저기서 들풀처럼 일어난다

꺾인 꽃들의 미투.

자화상 2

길에서 3년 터울 후배를 만났다
"성님 참 오랜만이요"
"설은 잘 쉰는그라우"
"성님은 하나도 안 늙었구먼"하며
반가워한다

후배의 모습은
탈수된 주름진 얼굴
구부정한 허리
아장거리는 걸음걸이로
팔십객 노인
굽이굽이 세월을 달려오면서
삭신 마디마디에 관절통이 돋았는지
허리를 펼 때마다 신음소리를 토해냈다
왜 사람은 늙어 갈수록 추해질까

그럼 내 모습은 어떨까
물론
저 후배보다 더 흉하겠지

후배의 모습을 보고
나를
대충 점쳐본다.

우주를 품은 자

나무는
태어나면서 우주를 짓는다

우듬지는
쉼 없이 나이테를 만들어 푸른 숲을 빚고
뿌리는 끊임없이 땅속깊이 단단한 기둥을 세워
1칸 집부터 시작 점점 가슴을 키워
99칸 열두 대문 구중궁궐의 품을 짓는다

지상은 새, 곤충들의 낙원
땅바닥에 내리는 그늘은 땀 씻는 쉼터
지하는 미물들의 안식처
수목은
만물을 끌어안아 품은 작은 우주
들어오는 자 거부하지 아니하며
나가는 자 붙잡지 않는
자유 분망한 세상

지리산 고산지대 고사목을 보라

선행을 베푸니 하늘에서 천복을 내리시어
살아 천년 죽어 천년
수천 년의 세월을 누리지 아니한가

거목은
우주를 품어 천복을 누린 자.

내 쉴 곳은

웃고 울고 넘어지면 다시 일어나서
쉼 없이 달려온 삶
벌써 해름노을이 벌건 물감으로 덧칠을 한다
조금 있으면 황혼도 지겠지

하루가 눈을 감을 때면
창공에 나는 새도 하늘 길 더듬어
제 둥지 찾아 들고
떠도는 바람도 발걸음 멈추고
산모퉁이에 몸 뉘고 쉬어 가거늘
황혼이 지면
이 몸 쉴 곳은 어디메인가

골다공에 뼈골이 숭숭 뚫리고
탈력도 없이 축 쳐진 낡은 삭신은 흙이 데려가겠고
아직도 쓸 만한 영혼은
옥황상제가 모셔다 하늘에게 바칠 것이나
찍기고 피멍이 낭자하여
넝마가 돼버린 마음은

어느 누가 데려간단 말인가

죽어서 거두어 갈 자 없는 천덕구니 그놈은
살아생전 내 손수
외롭지 않게 밤하늘 별 밭에 묻은 다음
지는 황혼 맞을까 하네.

다시 태어나는 나

—그라운드골프

깃발을 향해 방향을 잡고
정신을 집중 강약을 조절하여
티샷

볼은 새벽공기 가르며
푸른 융단 위를 뒹굴고
볼 쫓아 자박자박
빨라지는 잰걸음
홀인 -
탄성소리 웃음소리의 메아리
널따란 운동장에 가득하다

몸에 파란 피 돌고 돌아
한공으로 토해내는 땀방울 줄줄
숭숭 뚫린 뼈마디 마디에
힘이 고이고
늘어진 피부가 탄력을 찾는다

상쾌한 아침에

새로 가꾸어 져서

푸른 나뭇잎 닮아가는 나.

학 모가지

시기하고 미워하면 그 깊이만큼
나 또한 괴롭고
응어리 풀고 사랑하면 그 폭만큼
나 또한 편안한 법

동창이라고
하늘이 엮어준 인연이라고
옛정 그리워 매달 한 번씩 모여서
서로 의좋게 지내는데
어느 날 한 친구가
생트집을 잡아 얼굴 붉히더니
그 후 모습이 보이지 않는다

오해 풀고 본래대로 지내고 싶어
전화로 달려가 보아도 대답이 없고
만리장서 문자를 띄워 보아도
가슴팍에 빗장을 걸어 놓았는지
메아리만 돌아오는구나

친구야
자네가 밟고 떠나간 외길
구름처럼 세월 가면 수풀이 무성하게 우거져
길 삼켜버릴까 걱정이 되네
이제 그만 되돌아오게나.

난 북이다

우리 집사람은
젊어서는 순한 양이였는데
칠순 넘어서니 뿌사리 잔소리꾼

필요 없는 전깃불 써 놓았다고 머퉁이
추운데 창문 열어놓았다고 머퉁이
홈키파*를 너무 많이 뿌렸다고 머퉁이
머퉁이 머퉁이——
심심찮게 두드려 본다

북처럼 치면
흥이 나는지, 구름이 걷히는지
가만히 두드렸다 세게 두드렸다
강약 장단 맞추어 친다

여보
나를 치는 것이 그렇게 좋은 감

---

* 홈키파 : 살충제 모기약

징 그렇다면

속 후련하게 맘껏 얼마든지 치게나.

조약돌 2

변산에서 강릉에서 제주도에서
주워온 돌멩이
반들반들 수마석
둥글둥글 몽돌
구멍이 숭숭 뚫린 현무암 돌

유리 탁자위에 모아 놓았더니

천년을 뒹굴며 부딪치고 깎이면서
굽이굽이 달려온 세월을
이야기로 엮어 절절히 풀어내고
자기고장 자랑단지 주렁주렁 올려놓고
각자 자기사투리로 참새처럼 입방아 찧는다
철썩 철썩 쏴쏴 휘휘
파도소리인가
바람소리인가
구름 가는 소리인가

쑥덕쑥덕

소곤소곤
여름밤은 깊어지고.

감동과 변명

무릎 관절이 안 좋아서
아파트 2층 계단을 걸어서 오르고 내릴 때마다
뼈마디가 마치는 고통을 느낀다
그래서
당초에는 아파트 2층에 엘리베이터가 서들 안했는데
관리사무소에 신청을 하여 서도록 하였다

어느 날 아침
엘리베이터를 타려고 라인에 들어서는데
고등학생 쯤 된 여학생이
"열림 표시" 버튼을 누르고 나를 기다려 주는 것이다
나는"고마워"하면서 탔다
2층에서 내리려고 하니까 "안녕히 가세요"한다
나는 덕분에 쉽게 2층을 고통 없이 올라 갈수 있었다
생각 할수록 학생의 배려하는 마음이
가슴을 뭉클하게 한다
그날 하루의 출발이 기분 좋았다

어느 날

위층에서 엘리베이터가 내려오고 있어서
이때가 기회구나 하고 2층에서 버튼을 눌렀다
엘리베이터가 서니 타고 있던 사람들이
우르르 쏟아진다
여기는 2층입니다 하니 내리던 사람들이
다시 와르르 들어갔었다
나는"제가 무릎이 아파서 쉬어 달라고 했어요"라고
묻지도 않는 변명을 얼른 늘어놓았다
다음부터는 위에서 엘리베이터가 내려 올 때는
가급적 이용을 하지 않고
힘들지만 걸어서 계단으로 내려간다.

제5부

인생길 굽이굽이

마르지 않는 향수

가슴속에
모래톱 웅덩이 하나
퍼내도 퍼내도 금시 차오르는 향수
구석구석 틈새에서
생수처럼 솟아나오는 그리움

그 속에서
엄니, 아부지, 죽마우, 아랫녘 순이, 둑길
둥근달, 소쩍새, 황톳길언덕——
모습들이
문득문득 일어서서
나를 고향으로 끌고 간다

마르지 않는 향수
잠이 들면 꿈길에서 눈을 뜨는
뼈에 사무친 몽상夢想.

엄니 사랑의 실체

어릴 적 우리들이 올망졸망 자랄 때
양 부모를 어깨에 짊어지고
조롱박처럼 열린 우리 팔남매를 허리춤에 차고
보릿고개* 넘기를 여럿

풀떼기를 낮이 밥으로 때우면서
새끼들이 숟가락 놓기가 아쉬운 듯싶으면
당신의 것을 덜어주고
부엌에서 남몰래
물로 허기신 배를 채우셨지

보릿고개는 매년 봄이 오면
제사처럼 찾아왔고
대쪽같이 곧고 무쇠처럼 강직한 사랑으로
한 방울 혈기까지 쥐어짜서 다 베푸시고
결국은
피골이 상접하여 돌아 가셨지

---

* 보릿고개 : 묵은 곡식은 다 떨어지고 보리는 미처 여물지 않아서 농가의 식량 사정이 가장 어려운 시기를 비유적으로 이르던 말

단단한 엄니 사랑의 실체는 어떤 모습 일까
한여름에 뺨 스치는 산들바람처럼 생겼을까
호흡기로 들어와서 혈액 따라 돌면서
몸 구서구석을 살피는 공기 같은 것일까
어둔 밤길을 밝히는 달빛 모양일까

세월의 무게가 켜켜이 쌓이고
백발이 성성해서야 비로소 알 것 같구먼
실체도 없는 곧고 강직한 사랑을
아이러니한 무형 체를.

자 유

사진관에서
갓 건져 올린 미꾸라지처럼
퍼떡거리는 세월의 소리가
시가지로 기어 나온다

거리를 바라보는 진열장에는
낚아 올린 세월들이
액자 속에 갇히어 뒷벽에 매달려 있고
스튜디오에는
세월을 잡아내는 낚싯대가
세발로 서있다

세월은 강물 같아서 생존본능으로
흘러가는 습성이 있어
가두어 놓으면 자꾸 달아나려고
길길이 발버둥치는 것이 당연지사

자유를 구속하는 것은
자연의 이치를 거스르는 것

강태공*이여
세월이 자기의지대로 흘러갈 수 있도록
허허공공한 세상에 방류함이 어떠하리.

---

* 강태공姜太公 : 중국 주周나라 초기의 정치가 태공망太公望을 세속에서 일컫는 이름으로 큰 뜻을 품고 때가 오기를 기다렸다 하여 세월을 낚는 사람이라 전에 오고 있고 낚시질하는 사람을 비유적으로 이르는 말

문학기행

—서포 김만중* 유허지

땅길 이어서 바닷길 천리를
숨 가쁘게 달음질쳐 간곳은
바다위에 둥둥 떠 있는 노도櫓島**
파도소리를 바람이 품고 달아나서
잠잠히 조용하고
수목의 숨소리마저 고요가 삼켜버려
적막이 깊은 섬

숲속 굽이굽이 누워있는 오솔길 따라
가파른 땅 터벅터벅 찍으며
유배지 초옥을 땀 훔치며 찾아갔더니
모습은 온데간데없고
쓸쓸히 고독을 씹고 있는 옛터 옆에
솔밭정자가 시원한 그늘 붙들고 앉아서
땀 식히고 가라 한다

---

* 김만중 : 구운몽, 사씨남정기 등의 소설을 남긴 조선 후기의 문인, 당쟁의 여파로 노도에 유배되어 죽었다.

** 노도 : 조선 시대까지 약 30명이 유배를 왔던 천혜의 유배지로 경남 남해도 남쪽 바다에 가까이 붙어 떠 있는 작은 섬

동상은 부채를 펴다 멈추고
피멍이 낭자한 눈물을 흠뻑 받아먹어
하늘빛보다 더 시퍼렇게 번진 남해 바다를
하염없이 바라보면서
생전의 귀양살이 한을 풀고 있구나

내려오는 길에
동네 어귀에서 좌장격인 노옹 한분을 만나
초옥이 사라진 이유를 물어보았더니
입에서 그 족보가
거미줄처럼 줄줄 기어 나오더라.

고속도로 주행

한번 진입하면
뒤로는 없다 전진과 질주가 있을 뿐이다

번개처럼 시간 속을 달리는 바람이다
달음질 기 싸움이다
달리는 흉기다
달리기 경주다
공동우승은 없다
소나기처럼 쏟아지는 졸음과의 싸움이다
공포를 달래면 락樂이다

목적지에 무사히 잘 도착하면
스스로 완성한 작품이다
남몰래 느끼는 묘한 쾌감이다.

내 그림자

까맣게 잊고
아무 생각 없이 지내다가
햇살이 돋아나는 날
달빛 푸른 날
가끔 만나보는 몸뚱이

생명도 생각도 영혼도 없고
뼈마디도 피골도 없는
삭신

언제나 한결같이
바싹 따라붙는 내 분신

슬플 때나 즐거울 때나 괴로울 때 기쁠 때
항상 동행하는
의리 깊은 사내 나.

잠(수면)

눈을 지그시 감고
잔잔한 호수처럼 마음을 가라앉히고
심호흡을 하며 잠을 청 한다
자정이 지났으나
정신이 초롱초롱 그놈은 멀리 달아나 버렸다

다시 차분히 기다리며
1에서 100까지 숫자를 세 본다.
거꾸로 다시 100에서 1까지 또 센다
그래도 그놈은 기척이 없다

근심 걱정 다 털어버리고
욕심도 성냄도 다 비우고
번민과 고뇌를 내려놓고 다시 그놈을 부른다
그제야
고양이처럼 슬금슬금 기어 들어와
최면을 건다

그놈은

약삭빠른 쥐새끼 같은 놈
미리 다리 뻗을 자리보고 눕는 놈.

산처럼 살라

산의 고운 심성은
어찌하여 하나님을 빼닮았을까

하늘이 처음 열리는 날 하나님께서
궁창* 아래 뭍을 땅이라 하시고
물을 바다라 하시며
당신의 심장을 잘라 산을 빚은 것이 아닌가

태초의 그 모습 그대로 그 자리에 서서
선 한자나 악 한자나
강 한자나 약 한자나
귀 한자나 천 한자나 차별하지 아니하고
찾아오는 자
싱그러운 가슴으로 반기고
든 자
편안한 안식의 품으로 안아주며
속된 맘

* 궁창穹蒼 : 유대교의 세계 구분의 하나인 하늘

생수 물 같이 맑게 정화해 주지 않는가

사람이 되려거든
먼저 산을 보고 배워라.

뒷모습

우리는 지금
국정농단한 사람들의 뒷모습들을
보고 있다

나는 조금도 사익을 추구한일이 없습니다
결백을 주장하는 사람
나는 위에서 시켜서 한 일입니다
떠넘기는 사람
나는 모릅니다 나는 정말 모르는 일입니다
뚝 잡아떼는 사람

그런 것들을 보고 있노라니
가슴이 답답하다
뒷맛이 씁쓰름하다
가슴을 시원하게 뻥 뚫어주는
화끈한 사람 없는가!

과정이 샘물같이 맑아야
뒷모습이 아름다운 사람 되는 법.

제6부

노을이 벌건 물감을 풀 때

근시

인생 팔순은
미래를 잃어버린 치매환자
그 속에는 꿈도 희망도 있었는데
쌓인 세월의 무게에 짓눌려 혼미해져서
같이 몽땅 어디다 놓아버리고
쥐고 있는 것은 현재뿐

백년 같은 하루해
손녀 놈 재롱에 웃다가 가기도 하고
병원, 약국 전전하다 보내기도 하고
요래조래 지내다
오늘의 현재가 무사하면 그저 감사하며
또 내일의 현재를 맞이한다

피할 수 없는 운명이 불쑥
나타날 것만 같아 마음 죄이다가도
의연히 받아들이고
내가 짊어지고 가야할 내 몫이 다고
맘을 추슬러 본다

근시인생의 제일 소원은

자식에게 짐주지 않고 곱게 가는 것.

산다는 게

종합병원을 짊어지고 사는 게
무엇이 얼마나 즐거운 일이 있겠는가

병원, 약국에서 순서 기다리다 한나절
텔레비전하고 씨름하다 한나절
가슴에 쌓인 추억 허물어서
되새김질하며 하룻밤
그래저래
아슬아슬 벼랑길 걸어가는 게지

원래 가진 것이 없어서
버릴 것도 비울 것도 없고
남기고 갈 것도 정리 할 것도
없는 사람이지

가슴앓이 하여 빚어놓은 흙구슬
튼실한 실에 꿰어서
독자들 목에 걸어주면 끝이지
생노병 다 갔으니
이제 눈만 감으면 끝이지.

귀향

어깨동무 삼형제중
경찰 시험 합격하여 서울로 올라간
친구 기성이

언젠가 고향에 내려와 하는 말
말년에는 꼭 귀향하여
자연 속에서 있는 듯 없는 듯
고요처럼 살다 가겠노라 나불대더니
신수가 활짝 펴졌는지
지금껏 소식불통

하기야 저승 갈 때
서울에서 가나
여기에서 가나
훨훨 하늘 길 올라
은하수 건너는 정승 다리야
똑같이 않겠는가

기성아
혹시 먼저 가거들랑 자리 잡아 놓아.

자식 따라간 몸

고향이
물 좋고 산이 좋아 살기 좋은 도시라고
참새처럼 입방아 찧던 친구

싸가지 없는 못 쓸 병에 걸려
서울삼성병원으로 가면서
쾌차하여 웃음 한아름 안고 오겠노라고 하더니
진달래꽃 왔다 가도 아무 소식 없더니만
어느 날 갑자기
장례식장 영안실에 누워있다고
폰에 문자가 떠서 부리나케 달려갔었지

살아서 돌아오지 못한 고향
죽어서는 들 돌아오기에 꼭 올 줄 알았는데
자식 고생 덜어준다고
아들집에서 가까운 용인 땅에 영면하지 안했는가
살아서 한 방울 피까지 쥐어짜서 주더니
혼 떠나버리고 식어버린 몸뚱이마저
자식 따라 갔었지

오늘이
하고 싶은 말 끝내 가슴에 꼭꼭 묻고
하늘 길 따라 훨훨 먼 은하수 건너간 날
아닌가!

마디마디 관절통이 돋아
올라가서
좋아하는 소주 한잔 따라주지 못하고
앉아서 글만 올리니 염치없고 미안하구먼
훗날 저승에서 만날 때
똑바로 자네 얼굴 볼 수 있을지 모르겠네.

동행 2

만나 백년을 약속하고
바람 뛰어다니는 허허벌판에
언 손을 호호 불어가며
나뭇가지 듬성듬성 엮어 같이 둥지 튼 사람

꽃과 나비처럼 살자고 약속 했지만
어찌
늘 웃으면서 행복만 했겠는가
사소한 일로 티격태격 하다가도
섭섭한 일로 남남처럼 지내다가도
곧 제자리로
서로 잘도 돌라와 주었지

점점 나이테가 굵어질수록
아삭한 식감 나는 싱건지처럼 잘 숙성되어
정은 깊이깊이 들었고
멀고 먼 길 다정한 길동무되어
굽이굽이 달려서
해름 녘까지 왔네

끝을 다듬는 노을이
달음질로 와 반기고
키보다 기다란 두 그림자가
정답게 따라 붙는다.

마지막 휴게소

올해 칠순하고도 하나인 우리 집사람은
갑자기 언니들이 많이 생겼다
팔순 언니, 구순 성님, 백수에 가까운 형님까지
경로당 재무를 떠맡아 일 하면서 생긴 일
손윗사람 모시는 일이
다 효 아니고 무엇이겠는가!

어린아이가 다 되어버린 언니들과
윷놀이하며 웃고 지내다 보면
시름들이 기억 속을 슬금슬금 기어 나가
망각의 하루해가 바람같이 휙- 지나간다
점심 간식 빼놓지 않고 챙기고
항상 방을 시원하게 하는 일도 집사람 몫
언제부터인가 나들이를 다녀 올 때는
선물로 먼저
언니들의 간식거리를 챙기기 시작했다

얼마 전 홀로 사는 한 언니는
화장실에서 넘어져 일어나지 못한 채

그대로 고독 사 했고
또 한 언니는
말을 잃어버리고 우두커니 앉아만 있더니만
요양병원으로 갔다
두 언니는 인제
돌아오지 못 할 강을 건너 가 버린 것

오늘도 농협에 다녀오는 길에
포장마차에서 따끈따끈한 붕어빵 사들고
언니들 기다리는 곳을 향해 잰걸음을 재촉 한다
저녁노을이 종종 따라가고
비둘기 한 마리 경로당 지붕을 선회한다.

마지막 휴게소 2

내일은 경로당 야유회 날
팔, 구순 언니들 바깥세상 구경 간다고 들떠
초등학교 시절 소풍 전날 밤처럼
설렘을 감추지 못하는 기색
집사람은 무사히 다녀와야 할 텐데 하는 책임감이
돌처럼 가슴을 누른다

허리가 기억자로 구부러진 101동에 사는 한 언니
경로당에 올 때 100m도 못되는 거리를
유모차에 의지하고 걸어서온다 조심조심 귓뚱귓뚱
사람들은 그 언니를 냄새난다고 미워하고
음식을 먹으면 이가 없어서 오래 먹고 흘리기도 하지만
그렇다고 따돌림을 받는다
음식을 나누 매기 할 때 맨 나중에 주어도
아무불평 없이 주눅 든 사람처럼
상대방 처분만 바라보고 있어
그 모습을 볼 때마다 마음이 측은 하였다

집사람은 언제부터 그 언니를 챙겨주기 시작했다

간식을 나누워 줄때도 제일 먼저 주고
윷놀이 할 때도 끼워주고 하였더니
작년가을 찬바람 불어 을씨년스러운 어느 날
“재무님”부르며 검정비닐 봉지를 남들 몰래
넌지시 내밀면서
“가슴이 아픈데 삶아서 먹으면 좋다 네 한번
먹어봐”한다
받아 가지고 집에 와서 열어 보았더니
한주먹이나 되는 은행 열매가 “나여”하며
하얀 얼굴을 내민다
내가 심장병이 있는 것을 어떻게 알았을까
지독한 냄새가 역겹게 나는 것을
불편한 몸을 가지고 어떻게 깠을까!
지극한 정성이 너무 고마웠다
고창 임리로 시집가서 홀로된 친언니처럼
맘이 따뜻하고 품이 아늑하여 가슴이 뭉클하였다

오늘은 옆으로 오더니
“구경 따라 갈수 있는가 시험해 보기 위해서

경로당을 한번 와 보았더니 힘들어서 못 따라 가겠네"
라고 한다
같이 가자고 권하면 따라 나설 눈치
그러나 몸이 온전하지 못한 사람을 데리고 갔다가
사고라도 나면 어떻게 하나 싶어서
"그래도 조심해서 같이 다녀오게요"라는 말이
목까지 차오르는 것을 간신히 참고
"못가는 사람도 음식 몫을 남겨놓고 가기로 하였으니
다음 날 와서 찾아 가세요" 하며 섭섭한 마음을
달래 주었다
"재무님 너무 고마워"하며 불편한 몸을
유모차에 기대고 겨우 돌아서는 언니의 모습이
처량하고 가여웠다
밤잠 설치며 기다렸던 기대가 물먹은 담장처럼
무너져 내리고
빈 가슴으로 돌아가는 마음은 얼마나 허탈할까
몸이 불편해서 따라나서지 못하는 심정은
철없는 초등학교시절 감기몸살로
소풍을 못 따라가는 것과 무엇이 다르랴

집사람은 도리를 다 못한 것 같아
죄송스러운 생각을 떨칠 수가 없어서
“언니 데리고 못가서 미안해 정말 미안해”
하며 마음속으로 빌고 또 빌었다

지나가던 바람도 무엇을 아는지
바쁜 발걸음 멈추고
언니의 돌아가는 길을 터준다
마지막 휴게소 마당에
저녁노을을 쪼아 먹은 비둘기 평화롭다.

제7부

가슴이 가난한 사람들

임이시여 다시 일어서소서

큰 뜻 이루지 못하고
전옥서典獄署* 형장의 이슬로 사라지면서
가슴에 응어리진 한 품고
지금도
구천을 떠도는 녹두장군**이시여!

생전의 당신의 뜻은
한양에 입성
나라님을 도와 국정을 보살피고
세상을 바꾸어
백성을 편안케 함이 아니었습니까

당신의 거룩한 얼 기리고저
순국 123년 만에 떠나가신 그 자리에
구릿빛육신으로 다시 세웠으니
혼백이여 임하시어 다시 일어서소서

---

* 전옥서 : 조선시대 감옥의 죄인에 관한 일을 맡아보던 관아
** 녹두장군 : 전봉준의 다른 이름

여의도와 평양*을 종횡무진
그들을 깨우침으로 다시 깨어나게 하여
강산에 따뜻한 봄 일궈서
생전에 꿈꾸어왔던 세상 꽃 피우소서.

※ 정봉준의 동상이 순국 123년 만에 그가 숨진 장소, 서울 종로 사거리 감옥 전옥서가 있던 자리에 2018.4.24. 세워졌다.

가슴이 하얀 사람

—고 노회찬 의원

갑자기 달려오는 비보에 부딪치어
심장이 철렁 내려앉았습니다
천만번 가슴을 쥥고 쥥다가
결국 가시었습니까!

맘이 애당초 맑았기 때문에
더더욱 참기 힘들었으리다
심지心地가 대쪽 같아서
그렇게 그렇게 부러졌으리다

그 누구는
수 억짜리 독약을 꿀꺽 삼키고도 건재 하는데
묻은 먹물 눈같이 하얗게 지울 수 없어서
그리 가셨나요

국민은 압니다
본래 가슴이 하얀 것을
가신님이시어 훨훨 하늘 길 날아 은하수 건너
꾐 없는 세상으로 가시옵소서

그곳에서
아카시아 꽃처럼 하얀 향기로 사소서.

사람이 중심이다

—고 노회찬 의원

"사람위에 사람 없고 사람 밑에 사람 없다"
라는 것을
당신의 조문 행렬을 보고 깨달았습니다

그런 세상이
생전에 꿈꾸어왔던 세상이 안입니까
춥고 어둡고 그늘진 곳에는
항상 스스로
소외된 사람들의 든든한 기둥이 되어
우뚝 서 있지 안했습니까

백성을 편안하게 하는 동학정신
사람 사는 세상 노무현 정신
사람은 누구나 평등한 노회찬 정신
이 모두가 120여 년 전부터
시냇물처럼 줄기이어 흘러온
사람중심 정신이 아니겠습니까

당신은 여기서 멈추었으나

씨알로 뿌려진 얼은 가꾸지 안 해도
들풀처럼 질기고 끈기 있게 일어서서
평등한 세상 꽃피울 것이라.

스스로 단 훈장

오늘이 육구회 모임 날
1969년6월9일에 공무원 발령을 받았다 해서
"육구회"라 이름 하였다

새마을 운동, 통일벼 보급, 노풍 피해,
경제개발 5개년계획
앞에서 끌고 뒤에서 밀고
넘어지면 다시 일어서고 한 주역들
퇴직한지 어언간 20여년

모임 날
녹슨 자물통을 열면
기억상자 속에 갇힌 추억들이 햇빛을 본다
우르르 쏟아져 나온 추억들이
시끄럽다

누가 무엇이라 해도
우리는 대한의 빛나는 역군
스스로 가슴에
반짝이는 훈장을 단다.

위안부 할머니

공장에 데려다 준다기에
부푼 꿈 안고 설레는 맘으로 따라 나섰더니
그곳은
침략자의 아비규환 전쟁터였다

어린소녀의 꿈은 산산이 부서지고
몸은 처참하게 짓밟히었으며
무자비한 총 칼 앞에
소중한 순결마저 지키지 못하였다
온 강산에 태극기 휘날리는 던 날
너덜너덜 넝마가 되어버린 육신
실 같은 목숨하나 부지하고
고개 떨 군 채 조국을 향해 걷고
또 걸어야만 했다
그이들은 힘없는 조국의 희생 양이였으니
과연 그이들을 향해 돌을 던질 자 누구 있으랴

그림자처럼 따라다니는 아픈 악몽을
이웃들의 뜨거운 애정으로

조금씩 조금씩 지우면서
힘겨운 황혼의 인생을 보내고 있다

우리는 그이들을 볼 때마다
지켜주지 못한 조국
피를 이어받은 대한의 아들로써
대신 뼈를 깎은 책임을
느끼지 않을 수 없구나!

제8부

우리집 뜨락 10

꽃

—갓난이

우리 새아기 품에는 꽃 한 송이
피어 있다
지난밤에 툭 터져 벙근 달맞이꽃처럼
눈망울 초롱초롱 청초한 꽃

살결이 솜처럼 부드럽고
천진난만한 마음 아침 햇살처럼 맑아
선악과를 따 먹기 전 에덴동산의 이브 같다
제 애미 품을 떠날 줄 모르고
주변을 빙글빙글 돌며 놀다가도 조금 떨어지면
금시 품을 찾는다
“서윤아 하나시 한 테 한번 와봐”하면서
손뼉을 치며 손짓하면
양팔을 벌리고 왔다가도 바로 돌아서서
제자리

제 애비 애미 따라 돌아간 뒤에도
거실 소파에 한참 동안 피어 있더니
내 안으로 들어와 가슴속에 자리 잡고

활짝 피어 있다

언제든지
생각 날 때마다 마음대로 꺼내보는
꽃.

가을밤 이야기

—갓난이 손주 딸

집사람이 아들집을 다녀오더니
갓난이 손녀 놈 이야기로
가을밤이 깊어가는 줄 모른다

말은 할 줄 몰라도
끙끙거리며 머리, 손짓, 옹알이로 의사표시
다하고
말은 할 줄 몰라도
할매가 하는 말 다 알아듣고
꼬박꼬박 시키는 대로 하는 것이 신통하다고
침이 마르도록
말이 꼬리를 물고 또 문다
그놈이 매우 영리하고 똑똑해서
하는 짓이 예쁘다고
너무 귀여워서 이뻐하지 안할 수 없다고
커서 꼭 큰사람 될 것이라고

집사람 이야기를
밤새도록 듣고 있노라니

그놈이
눈에 선해 달려온다.

용돈

추석날 아침 아들이 다가오더니
"아버님 만수무강하십시오"라고 쓴
흰 봉투를 내민다
열어보니 정성이 가득 담겨 있었다

애들 올망졸망 클 때
명절 돌아오면
빳빳한 신권으로 바꿔 용돈이라고 주면은
"고맙습니다"하며 고사리 손으로 받으면서
철없이 좋아하던 자식들
어느덧 중년이 돼 그놈들이 나에게 용돈을 준다

생일날, 어버이날, 명절 때마다
주는 용돈으로 목돈 만드는 재미도 쏠쏠

애들 키울 때는
모래밭처럼 팍팍한 길
억척스럽게 정신없이 뛰었는데
지금은

흐뭇한 보람
산같이 든든한 기둥.

후 회

—아들

그놈자식이 어린 꼬마시절
전화기를 분해조립 하는 것을 보고
과학에 천부적인 재능이 있는 것을
이미 알았어야 하리

힘없고 못 가진 사람을 위해
평등하고 원칙이 있는 사회를 이룩할 수 있는
정의로운 사람 되라고
권력으로만 권력으로만 내밀었으니
어찌
날개를 펼 수 있었겠는가

제 소질 따라 꿈을 펼쳤으면
지금쯤
큰사람 되었을 텐데

나이의 무게에 비로소 깨달음을 얻어
센머리 성성한 지금에 와서
자식농사 짓는 법
알 것 같구먼!

어머님 계신 곳

정오 갓 넘긴 햇살이
병원 콘크리트 옥상을 분주하게 쪼아 대는 시각
정적의 포로가 되어버린 병실에 누워
옛날에 가신 어머님 생각 속을 이리저리 헤맨다

예수병원에서 같이 검사를 받았는데
나는 가라하고 어머님은 입원하라하여
그길로 몸져누우신 뒤 점점 탈수돼
피골이 상접해서 살점이라고는 찾아볼 수 없고
기력조차 부치시어
무거운 눈꺼풀을 겨우 올렸다 내렸다 하시다가
결국 팔남매 못 잊으시고
끝내 눈을 감지 못한 채 가신 어머니
지금 어느 곳에 계십니까

"너희들은 절대로 따라오면 안 된다"라고 하시면서
손을 설레설레 저으며
하늘 끝 멀리 승천하신 어머님
계신 곳은 어디에 있나요

그 후 아버님께서도 신음신음 앓으시다가
그 곳으로 가시고
저 또한 머지않아 따라 나설 곳
그곳은 어디 가서 찾나요

엄니
선몽先夢이라도 해 주소서.

잔병치레

봄부터 음산한 바람 일 때까지
잔병치레만 했다

허리통증주사 부작용
다리부종
대상포진
결국에는 허리 디스크수술
동네병원 예수병원 우리들병원을 들락거리며
전전긍긍

속이 문드러지고 하도 폭폭 해서
집사람이
재미삼아 손가락으로 꼽아 사주 잘 보는 친구에게
우리 부선이 아빠 사주 한번 샅샅이 보고
말 좀 해 주소 하였더니, 하는 말
“올해 삼재가 끼어서 그러 네
돌아가시지는 안하니까 걱정하지 마”라고 한다

제발 삼재야!
심술 그만 멈춰라.

운명의 바람

멀쩡하던 하늘에서
별안간 두 번째 비바람이 몰아친다
앞으로 내 운명은 어떻게 될 것인가
한 치 앞을 점칠 수가 없구나!

첫 번째 비바람은 위암 이였고
두 번째 비바람은 신우 암이다
더럽게도
재수가 쥐꼬리만큼도 없는 놈이지

자리를 훌훌 털고 일어나
바깥세상으로 나가라고
집사람이 등 뒤에서 열심히 떠밀고 있지만
비바람 틈새를 비집고 나갈
탈출구가 보이지 않는다
수술날짜는 3월22일
하루하루 기다리는 것도 지옥이지만
가까워지니까 맘이 초조하게 타들어 간다

어스름이 내리고
불안한 또 하루해가 눈을 감는다

칠흑 같은 밤 불빛하나 홀로 깜박거린다.

잃어버린 봄 2

때는 2018.3.2.정읍아산병원 313호 병실
복부CT검사 결과 신우암 의심
빨리 대학병원으로 가라는 담당과장 권유
청천병력 같은 의사의 말에 망연자실
화사한 봄날은 어디로 가고 자신과의 혈투시작

서울대병원에서 보충검사 한 다음 담당교수
"3월 29일 왼쪽 신장 절제수술을 합니다"라고 한다
지옥 같은 하루하루를 보내고 있는데
3월21일 갑자기 서울대병원에서 전화
"내일11까지 올수 있느냐 올수 있다면
수술하시게 금식하고 내일 오세요" 라고 한다
듣던 중 반가운 소식
한파처럼 매서운 밤공기를 헤치고 KTX로 상경 수술
기력이 바닥나 아산병원에 다시 입원

기력이 어느 정도 회복이 되어 55여일 만에
지팡이에 의지하여 천변 산책길에 나섰더니
벚꽃은 언제 왔다 갔는지 잎만 무성하고

철쭉꽃도 언제 달려왔는지 벌써 떨어지고 있었다

팔순 가까운 이 늙은이 에게
봄은 몇 번이나 찾아올까!
잃어버린 금쪽같은 무술년 봄은
어디 가서 찾는고.

지팡이

서울대병원에서 퇴원 할 때
둘째 사위가 지팡이 하나를 사 주었다

부모가 만들어 주신 두발로는
한쪽 가슴이 뚝 잘려나간 이 부실한 육신을
떠받고 걸을 수가 없어
의족하나를 더 붙인 것이다

열차를 타고 택시를 갈아타고
세발로 땅을 쿡쿡 번갈아 찍으며
벗어놓고 떠난 내 허물 속으로
8일 만에
목숨하나 붙여가지고
겨우 돌아왔다

사위가 준 이 지팡이는
오늘 그랬듯이
앞으로 내 쓰러질 때마다
나를 다시 일으켜 세울 것이다.

놓고 갈 순 없잖아

내 몸뚱이에는 암 두 마리가 살고 있다
하나는 위에 또 하나는 신장에
신장 하나는 그놈이 삼켜버려서
하나뿐

일단 응급조치는 하였으나
그놈들이 언제 어디서 어떻게
또 공격을 해올지는 아무도 모른다
만약 세 번째 운명의 바람이 불어 닥친다면
자리를 털고 다시 일어날 수 있을까
언제 꺼질지 모르는 목숨하나 쥐고
살얼음판을 걷고 있다

나는 시간이 없다
하루를 살아도 어떤 일을 하드래도
헛되는 일은 할 수 없다
시작했으면 빨리 매듭을 지어야 한다
하던 일을 놓고 갈 순 없잖아

버릴 것도 비울 것도 없는 몸
떠날 때
발걸음이나 가벼워야지.

반쪽 가슴

빨리 걸어도
계단을 조금 올라가도
허리를 굽혔다 펴도
숨이 차오른다
신장하나 떼어낸 후로 그렇다
반쪽 가슴이 오죽하겠는가!

위胃에 생긴 놈은 껍질만 조금 갉아먹었는데
신장에 생긴 놈은
신장 하나를 통째로 삼켜버렸다

그렇다고
이대로 주저앉을 수는 없지 않는가

어서 서둘자
헐떡거리며 가쁜 숨을 몰아쉬면서라도
이미 시작한 흙구슬 줄줄이 엮어서
해름 가기 전에
독자들 목에 걸어주고
홀가분한 맘으로 가자.

병원 검사 날

오늘은 병원 검사 예약 날
산통을 견디며 두 세상 태어 난지
3개월이 되는 날

매일 아침을 열던 까치가
왠지 오늘은 보이지 않고
연일 청명하던 하늘이
갑자기 눈물 글썽이는 먹구름 잔뜩 끼어
금방이라도 쏟아질 것만 같다

서울로 달음질치는 KTX
기적소리 잃어버리고
객실에
무거운 고요가 가득

조짐이 좋지 않아
초조한 마음은 더욱 가슴 조이고
만감이
텔레비전 화면 바뀌듯 교차한다.

허무를 건너온 초월적 사유思惟의 인생 경륜

—김병학 시인의 시는 은유적 화법의 서정시다.

소재호(시인, 문학평론가)

"양심! 양심! 신성한 본능이여! 분명한 하늘의 소리여, 지성있고 자유로운 한 존재의 확고한 인내자여, 선악에 대한 올바른 심판자여, 인간을 신과 닮게 하는 자여, 그대야 말로 인간 본성의 우수성과 인간 행위의 도덕성을 낳게 하는 자다. 그대가 존재하지 않으면 단지 규율 없는 오성悟性과 원리 없는 이성의 도움을 빌어서 잘못만을 저지르는 슬픈 특권을 느낄 뿐이며, 그때 나는 하나의 동물일 따름이다." 이는 루소가 『에밀』에서 외치는 웅변이다. 존양存養이란 말이 있다. 본심을 잃지 않고 착한 성품을 기른다는 뜻인 바, 성리학에서 사물의 이치를 중구하여 도덕적 실천과 인격을 기른다는 존양성찰存養省察에 다름 아니다. 한편 양명학에서는 지식의 탐구보다는 순수 도덕성을 구현해야 한다는 주장을 앞세운다

김병학 시인의 시편들을 탐독해 보면 곳곳에서 지펴 오

르는 양심의 소리들이 있다. 인간 성정의 바른 양태인 것이다. 예술이 그 본거지를 양심에 두고 함께 아름다운 정서를 등가적 합융으로 펼쳐낸다면 그 예술은 살아 숨쉬는 생동성을 지향할 것이다. 시란 무엇인가? 사무사思毋邪라고 공자는 운위했거니와 사특함이 없는 진아眞我의 목소리로 읊는 게 시라는 정의에 금방 도달할 것이다.

김병학 시인의 시에서 '어머니'가 자주 등장한다. 어머니의 모성성과 자애에 상도하는 노시인老詩人의 사념은 인간 본성에의 귀착歸着을 보여주고 있다. 한 생애가 파란만장을 지나 늘그막에 어머니를 회억하며 그리워하고 받듦에 도달한다면 벌써 시적 사무사에 이른 것이다. 그는 그의 전아典雅한 시편들 속에서 양심을 일컫고, 인생 허무를 표상하고, 초연한 심경을 읊으며, 인간성의 구현을 표방한다.

한 생애가 저물녘에 〈양심〉, 〈허무〉, 〈초연〉, 〈인간성〉의 네 개의 어휘로 집약하여 함축해 낸다면 그 생애는 바람직했고 올곧고 훌륭했다고 일컬을 수 있을 것이다. 시는 그 진실한 삶의 상징의 깃발인 것이다.

서랍에서 끌어내어 푯대 끝에 매달아 한껏 펄럭이게 하는 당당한 깃발인 것이다. 바람이 어느 귀퉁이로 와서 세차게 불어도 제자리에 뿌리를 두고, 잠시잠시 방향만 다른 쪽으로 틀 뿐, 한가지로만 목청을 띄우는 진자아眞自我

의 표상으로서 만의 펄럭임인 것이다.

그는 한편 허무와 무상을 사유思惟한다. 센티멘탈리즘에 함몰되는 것은 아니고 이내 초인주의자가 된다. 우주의 섭리에, 아니 자연의 이법에 따라 스스로 귀의歸依한다. 운명을 개척해 오던 젊은 날의 행적과는 달리 그의 석양녘에 이르러서는 그 운명에 순종한다. 소위 자연귀의自然歸依인 셈이다. 노자가 말한 무위자연無爲自然인 것이다. '스스로 그러한 대로'에 몸을 맡긴다. 운명이란 한 인간이 개척하거나 이끌려 가는 궤정인 것이다. 능동이든 피동이든 어떤 지엄한 철리哲理에 입각하여 지내온 행장이다. 시인은 또한 자주 '비우는 것'에 대하여 말하고 있다. 인위人爲를 벗고 무위無爲에 대해 다가서는 심경이리라. 철학을 궁구하지 않았어도 생지生知 한다는, 스스로 깨달아 앎을 뜻한다. 다 놓고 떠나려는 그의 속내를 이 시집에서 피력하고 있다. 자기 정리를 끝내려는 심사이리라. 그러면서 '흙구슬'을 운위한다. 다시 말해 '흙진주'를 암시한다. 진귀하고 보배로운 것을 시인 자신만이 새롭게 발견한다는 사실, 거창한 역설인 것이다.

이제 그의 시 몇편을 음미해 본다.

북서남동 아홉 봉
어깨를 서로 기대고 만년설처럼 서서
퍽이나 의연도 하다

낙엽 떠나보낸 산자락에는
수목마다 포기포기
순백 꽃 매달고
눈 수북이 쌓인 일주문 골짜기는
정적을 뿌려 놓은 것처럼 쥐 죽은 듯이
고요 하구나

스산한 눈 위 바람결에 들리는
대웅전 풍경소리
욕심을 다 비웠는지 청아하게
도량을 빠져나오네

하얀 솜이불 둘러쓴 설국 내장산은
은빛 침묵에 묻혀 잠잠히
깊어만 간다.

—「내장산의 설국」 전문

「내장산의 설국」에 다음 한시를 대입시켜 흥미를 돋우워 본다.

야담 입석봉夜談 立石峰, 마하연 공허空虛스님과 김병연(김삿갓)이 술마시며 금강산에 대한 화답시를 지었다.

스님: 월백선백천지백月魄雪白天地白 달도 희고 눈도 희니 천지가 다 희네

삿갓: 산심수심객수심山深水深客愁心 산이 깊고 물이 깊으니 나그네 수심도 깊네

스님: 등전등후분주야燈前燈後分晝夜 등불을 켜고 끔으로써 낮과 밤이 갈리네

삿갓: 산남산북판음양山南山北判陰陽 산의 남과 북을 봄으로써 음지 양지를 헤아리네

스님: 운종초아두상기雲從樵兒頭上起 구름은 초동의 머리 위에 피어나네

삿갓: 산입표아수리명山入漂娥手裡鳴 산은 아낙네의 빨래 소리로 울리네

한시의 절묘한 기교인 대구법을 상기하면서 두 사람 음유시인의 천재성을 간파해 본 것이다. 두 시인의 재주겨룸을 자웅으로 구분하기 어렵다. 다만 자연을 '스스로 그러한 대로' 보는 관찰자의 관점을 우리는 깊이 헤아려 볼 일이다. '월백설백천지백'이라 함은 우주의 통일, 통합을 언설한다. '하얗다'라는 특성(속성)의 이미지로 천지 운행을 한 화폭에 담는다. 이를 바라보는 김삿갓은 또한 하얀 마음이 되어 하얀 산천에 동화된다. 물아일체物我一體인 셈이다. 내장산 설국은 그대로 '눈의 우주'인 것이다. 힌두교에서 우주의 큰 영靈을 브라흐마라 하고 개별적 개체의 영을 아트만이라 했는데, 이 작은 영인 시적 자아自我가 우주의 영에 혼입되어 합일의 경지에 도달한다.

소멸과 영락으로 기우는 절후에 대한 애상은 일체 나타

나지 않는다. 초연하고 초월한 심경을 읊고 있다. '풍경소리'는 여기에서 소리하는 유일하게 자아의 상징이다. 무한 고요와 침묵 속에 소리 한 자락만 청아하게 도량을 빠져나온다고 했다. 침묵과 풍경소리는 거대한 대칭이다. 소리하는 자아는 대치적 국면을 조화로 이끈다. 그 소리는 욕심을 비웠다고 했다. 그러니 영혼의 소리인 셈이다. 폐쇄적 공간인(속세의 공간은 아닐지라도) 도량을 빠져나오는 풍경소리는 이미 초인의 영혼의 목청이면서 하늘에 닿는 소리이다. 하얀 배경을 치고 붉은 소리 한 점이 우주의 심금을 울리고 있다. 이 시가 표현의 형상화를 구현하면서 소위 의미적 요소까지를 담지한 절창이 아니겠는가? 스님의 시구와 김삿갓의 시구에서 시 · 청각의 대칭이 아름답게 조화하듯 이 시도 또한 그러하다.

인간은
우주 속에 하나의 점
가물가물해서
어쩌면 있는 것 같기도 하고
없는 것 같기도 하다

인생은
억겁의 세월 속에 한줄기 바람
순간이어서
어쩌면 지나가는 것 같기도 하고
아닌 것 같기도 하다

그러나
분명 나는 존재 한다
영혼이 있고 생명이 있고 생각이 있다

그러므로
천지에서는 말하고 있다
별들은

천리 가는 몸빛으로 살라 하고
태산은
천년을 사는 산맥처럼 살라 한다.

—「존재」의 전문

존재론은 존재자存在者 일반에 관한 학문을 말한다. 또한 철학의 일부분으로 존재학이라고도 한다. 존재 및 존재자는 이미 고대 그리스의 철학에서 탐구되었다. 그리스 최초의 철학자가 모든 사물의 시초가 무엇이냐고 물었을 때 그것은 사물의 존재에 선행해서 존재하는 사물 이외의 힘(신들)에 의해 사물의 존재를 설명(신화적 해석)하지 않고 사물의 존재를 있는 그대로 보는 전체적인 추구라고 했다. 존재자는 '있다'라고 하는 말이 모든 제약을 떠나 갖는 충분한 의미에 따라 완전무결한 것으로써 사고의 대상이 되었다. 존재에 대해서 비존재의 문제를 플라톤이 처음으로 파악하였다. 존재는 비존재가 있기 때문에 우리들에게 나타난다. 존재의 시현示現이 이데아이다. 존재와 비존재의 관련에 존재론의 문제가 있으며 이를 밝히는 방법이 변증법이다.

불교에서 색즉시공色卽是空 공즉시색空卽是色 하는 말도 이 담론에 끼워 넣어 보면 재미있을 성싶다.

여기서 「존재」의 시는 자아 인식론 쯤 되는 논증이다. 만유존재, 황량한 우주 안에 나의 존재가 얼마나 작고 하찮은 것인가를 묻고 그러나 실존적으로 엄연히 존재한다고 아이러니를 구사하면서 수사상 문답법의 기교를 부렸다. 개념이 물상으로 환치되었다가 다시 그 물상이 비형상으로 치환되는 바, 이 시에서 시공時空이 사념적 변주를 짓는다. 한 차원 진화하여 물리적 현상들을 반물리적 형과 태로 형용하여 영혼의 문제에까지 비약한다.

마지막 연에서 나의 삶을 별의 여정에, 산의 웅자에 의탁하여 원융의 철리哲理를 꾀하여 시적 결기를 충만케 한다.

허공은
품이 무한하다
우러러 볼 때마다, 손을 내밀 때마다
그 품을 연다

슬픔을 주체할 수 없을 때
괴로움을 이겨 내기 힘들 때
시름으로 탄식이 절로 날 때

하늘을 우러러보아
허허한 품에 그 가슴들을 꾹꾹 묻었다
그곳에는
나의 통곡이 있고
눈물이 있고
한숨이 있다

나는 이승을 떠날 때도
광활한 그곳에 내 영혼을 묻고
갈 것이다.

—「허공」의 전문

여기에서 「허공」은 존재와 비존재의 철학적 논리에 입각한 어휘라기보다는 생애의 실존적 점유 공간이거나 파란으로 점철되는 또는 삶의 광장에 대한 대칭적 이미지로서의 공간이다.

현실세계에서 치유를 위한 도피의 공간이다. 공간이면서 한편 홀로 누리는 시간을 뜻하고 있다. 허공이 내 영혼의 안식처가 되기도 하지만 나의 주검을 의탁하게 될 이상적 무위의 공간이다. 무념 무상의 공간이며 무장무애의 공간이다. 그러나 현세의 모든 애환들이 통째로 전이되는 공간이며 유전되는 공간이지만 그 애환들은 이 공간에 들어서자마자 무로 전환되며 내 영육은 평안의 안식을 맞는다.

나무는

태어나면서 우주를 짓는다

우듬지는
쉼 없이 나이테를 만들어 푸른 숲을 빚고
뿌리는 끊임없이 땅속깊이 단단한 기둥을 세워
1칸 집부터 시작 점점 가슴을 키워
99칸 열두 대문 구중궁궐의 품을 짓는다

지상은 새 곤충들의 낙원
땅바닥에 내리는 그늘은 땀 씻는 쉼터
지하는 미물들의 안식처
수목은
만물을 끌어안아 품은 작은 우주
들어오는 자 거부하지 아니하며
나가는 자 붙잡지 않는
자유 분망한 세상

지리산 고산지대 고사목을 보라

선행을 베푸니 하늘에서 천복을 내리시어
살아 천년 죽어 천년
수천 년의 세월을 누리지 아니한가

거목은
우주를 품어 천복을 누린 자.

—「우주를 품은 자」의 전문

우주의 작은 한 알 모래 같은 존재로서의 나무가 오히려 무량대수의 우주를 보듬는다고 형용하고 있다. 태초의

신이 만물을 빚는다 했는데 이 시에서는 나무가 우주를 빚는다 했으니 그 역설이 어마어마한 것이다. 시적 자유, 시적 착각이 극대화되어 흥미를 유발한다. 우주는 존재의 근원이며 배경이며 바탕이다. 한 그루 나무를 등장시키지만 나무는 작가 자신으로 환원되는 상징적 의미이다. 천도교에서 인내천人乃天이라 하여, 사람이 곧 하느님이고 또한 만물이 모두 하느님이라고 보는 중심 교리가 있는 바, 이 시는 여기까지 연상시킨다.

변산에서 강릉에서 제주도에서
주워온 돌멩이
반들반들 수마석
둥글둥글 몽돌
구멍이 숭숭 뚫린 현무암 돌

유리 탁자위에 모아 놓았더니

천년을 뒹굴며 부딪치고 깎이면서
굽이굽이 달려온 세월을
이야기로 엮어 절절히 풀어내고
자기고장 자랑단지 주렁주렁 올려놓고
각자 자기사투리로 참새처럼 입방아 찧는다
철썩 철썩 쏴쏴 휘휘
파도소리인가
바람소리인가
구름 가는 소리인가
쑥덕쑥덕

소곤소곤
여름밤은 깊어지고.

—「조약돌2」의 전문

조약돌 하나하나가 한 고장의 풍물이며, 사람이다. 조약돌은 형상에서 관념으로 환원하는 역 형상화가 매우 흥미롭다. 조약돌은 우주 생성과 지구 태생을 근원으로 하는 광물질이지만 아승기 세월을 품어 몸결로 무늬를 여민다. 수마되고 풍마되고, 풍상우로에 할퀴며, 후천 개벽의 세상 위에 그 근엄한 자태를 들어낸 것이다.

작가는 조약돌을 모으는 취미를 가지고 있다. 온갖 곳의 조약돌에서 전설과 설화를 듣는 귀와 마음이 트여 있다. 조약돌은 몇 세기의 역사도 도란거린다. 시인이 보고자 하면 보이고, 듣고자 하면 들리는 경이로운 혜안을 지닌다. 자연의 물상 하나하나를 인간 개성으로 치환하는 시의 발상이 빼어난다. 온갖 색깔과 온갖 소리가 조약돌 안에서 굽이친다.

어릴 적 우리들이 올망졸망 자랄 때
양 부모를 어깨에 짊어지고
조롱박처럼 열린 우리 팔남매를 허리춤에 차고
보릿고개 넘기를 여럿

풀떼기를 낮이 밥으로 때우면서

새끼들이 숟가락 놓기가 아쉬운 듯싶으면
당신의 것을 덜어주고
부엌에서 남몰래
물로 허기진 배를 채우셨지

보릿고개는 매년 봄이 오면
제사처럼 찾아왔고
대쪽같이 곧고 무쇠처럼 강직한 사랑으로
한 방울 혈기까지 쥐어짜서 다 베푸시고
결국은
피골이 상접하여 돌아 가셨지

—「엄니 사랑의 실체」의 일부

어떤 화자의 이야기 하나가 전해진다. 하늘나라에는 삼십삼천이 존재하는데, 여기에 수천만 신들이 살았다 한다. 각 하늘을 관장하는 대표적 신들 삼천위가 모여 진지하게 회의를 열었는데, 역시 회의 기간이 삼천 년이 걸렸다. 회의 주제는, 신을 닮은 자랑스런 인간들에게 신들의 사랑을 어떻게 구체적으로 시현示現케 하느냐가 문제였단다. 결국 모든 신의 전지전능함과 무한 질량의 사랑을 대행해 줄 어떤 존재를 만들기로 결론을 보았는데, 그 신을 대행하는 자가 바로 어머니라 했다. 말쟁이의 다만 흥미 있는 허구이지만, 이렇게 어머니의 모성은 위대하고 거룩한 것이다. 사랑을 듬뿍 베푸는 존재는 멀리 아득한 곳에 있는(또는 존재하지 않을 수도 있는) 신이 아니라, 당신

시야에 올망졸망 배고픈 자녀를 거느린 바로 어머니란 것이다.

개념의 사랑을 어머니는 실제로 현실로 구현한다. 구호가 아니라 행동으로 실행한다. 보릿고개를 넘어오던 우리 한 민족에게 어기찬 사랑의 어머니가 존재하지 않았다면 우리들 현재가 과연 존재할 수 있었을까? 자못 의문이다. 늘그막에 이르러서야 무한 자기 희생과 봉헌으로 점철했던 어머니를 회억하며 늦게야 우러르는 마음 여미는 것이다.

만나 백년을 약속하고
바람 뛰어다니는 허허벌판에
언 손을 호호 불어가며
나뭇가지 듬성듬성 엮어 같이 둥지 튼 사람

꽃과 나비처럼 살자고 약속 했지만
어찌
늘 웃으면서 행복만 했겠는가
사소한 일로 티격태격 하다가도
섭섭한 일로 남남처럼 지내다가도
곧 제자리로
서로 잘도 돌아와 주었지

점점 나이테가 굵어질수록
아삭한 식감 나는 싱건지처럼 잘 숙성되어
정은 깊이깊이 들었고

멀고 먼 길 다정한 길동무되어
굽이굽이 달려서
해 질 녘까지 왔네

끝을 다듬는 노을이
달음질로 와 반기고
키보다 기다란 두 그림자가
정답게 따라 붙는다.

—「동행 2」의 전문

중국 고대 설화때 월하노인(月下老人)이라는 말이 있다. 이는 또 월하빙인(月下氷人)이라는 말과 같은 뜻이다. 나그네가 달밤에 밤길을 가다가 한 노인을 만나, 평생 짝이 될 사람을 점지 받았다는 전설이다. 부부의 인연은 어떤 보이지 않는 신성한 자가 운명적으로 맺어준다고 한다. 그래서 인간들이 이 인연을 무사하여 함부로 깨서도 안된다고도 했다. 이성지합異姓之合이 인륜을 짓고 다시 천륜에 이르게 되는 존엄한 인연 맺음이니 참으로 신성하지 않을 수 없다.

한 쌍의 새에 비유하다가, 꽃과 나비로 은유를 거쳐, 마침내 지난한 생을 달려 온 운명의 부부로 「동행」을 형상한다. 마침내 노을이 아름다운 종명終命을 장식한다. 끝의 정리를 아름다운 의장儀章으로 다듬는다. 허무를 건너와 초월자가 되는 담담함으로 이 시는 감동을 유발한다.

큰 뜻 이루지 못하고
전옥서典獄署 형장의 이슬로 사라지면서
가슴에 응어리진 한 품고
지금도
구천을 떠도는 녹두장군이시여!

생전의 당신의 뜻은
한양에 입성
나라님을 도와 국정을 보살피고
세상을 바꾸어
백성을 편안케 함이 아니었습니까
당신의 거룩한 얼 기리고저
순국 123년 만에 떠나가신 그 자리에
구릿빛 육신으로 다시 세웠으니
혼백이여 임하시어 다시 일어서소서

여의도와 평양을 종횡무진
그들을 깨우침으로 다시 깨어나게 하여
강산에 따뜻한 봄 일궈서
생전에 꿈꾸어왔던 세상 꽃 피우소서.

—「임이시여 다시 일어서소서」의 전문

시인은 드디어 역사의 광장에 선다. 평화와 번영을 화두로 남북 두 정상이 오고 가는 터에, 시의 적절하게 녹두장군이 시인의 무대에 등장한다. 영탄법으로 구사되는 참여시풍이다. 전라도 동학 농민군을 이끌고 한양에 입성하여 애국 충절을 구현하려 했던 녹두장군의 생전의 꿈이 이제 구릿빛 동상으로 한양의 한복판에 서게 되었다. 역사의 지엄한 아이러니이다. 그 함성 그대로 광화문 광장 촛불의 함성이 되었고 평양까지 자유와 평화와 정의의 의기가 뻗어 한반도의 장래를 장밋빛으로 염원한다. 시가 만인의 심금을 울리는 웅변이 된다.

김병학 시인의 시를 조망하면서, 인생 경륜의 근엄한 행장을 목도해 보았다. '인간에게 지나간 것은 모두 은유이다'라고 말한 괴테의 말이 상기된다. 김시인은 지난 적한 생을 담담하게 시적으로 은유하고 있다. 아름다웠고, 슬펐고, 허무했던 행적이 한 권의 경전처럼 의연하게 세상에 빛을 보게 된다. 그리고 김시인은 담담하게 그의 초월적 사유思惟를 형상화 해냈다. 그의 인생 무대가 마지막 장에 이를 즈음 아무쪼록 강녕하길 빈다.

김병학 시집

흙구슬

인쇄 2018년 10월 17일
발행 2018년 10월 20일

지은이 김병학
발행인 서정환
펴낸곳 신아출판사
주소 전북 전주시 완산구 공북 1길 16(태평동 151-30)
전화 (063) 275-4000 · 0484 · 6374
팩스 (063) 274-3131
이메일 shina2347@naver.com sina321@hanmail.net
출판등록 제465-1984-000004호
인쇄 · 제본 신아출판사

ISBN 979-11-5605-570-9 03810
값 10,000원

이 도서의 국립중앙도서관 출판예정도서목록(CIP)은 서지정보유통지원시스템 홈페이지(http://seoji.nl.go.kr)와 국가자료공동목록시스템(http://www.nl.go.kr/kolisnet)에서 이용하실 수 있습니다.(CIP제어번호: CIP2018033182)

Printed in KOREA